Unter Hunden

Trouville, Frankreich, 1965

Elliott Erwitt | Unter Hunden

Der Alltag / Scalo

Elliott Erwitt: Unter Hunden
© Copyright 1992 Elliott Erwitt/Magnum Photos

Zuerst veröffentlicht bei JICC (Japan Independent Communications Corporation)
Gestaltung: Katy Homans
Koordination: Tomiyasu Shiraiwa
Lektorat: Akihiko Miyanaga
Satz: Rio Verlag, Zürich
Herstellung: Nissha, Tokio

© Copyright dieser Ausgabe: Der Alltag/Scalo Verlag AG
Quellenstrasse 27
CH-8005 Zürich
Alle Rechte vorbehalten
Übersetzung: Willi Winkler
Lektorat: Gaby Weiss

1. Auflage 1992
ISBN 3-905080-32-X

Dank an Katy Homans, Charles Flowers, Douglas Rice für die Hundearbeit, die sie sich mit diesem Buch gemacht haben.
Mit Ausnahme des Bildes auf Seite 13 ist kein einziges Foto in diesem Buch elektronisch verändert oder manipuliert worden.

Für Sasha, Amy und Maggie und alle struppigen Freunde, die sie jemals hatten.

New York City, 1974

Unter Hunden

DIES IST KEIN HUNDEBUCH.

Eigentlich sind das auch alles andere als Hundefotos.

Schauen Sie noch mal hin.

GENAUGENOMMEN ZEIGEN DIE FOTOS MENSCHEN. WENN ICH aber tatsächlich Menschen fotografierte, die solche Sachen machen, käme ich in die grössten Schwierigkeiten. Schlimmer noch als Mapplethorpe. Ausserdem ist es viel einfacher, statt Menschen diese lustigen kleinen Geschöpfe zu fotografieren, jedenfalls solange man nicht gebissen wird. Hunde haben keine Bedenken, sich in kompromittierenden Situationen fotografieren zu lassen. Damit sind diese Fotos die «sanftere, freundlichere» Art, Bilder zu bekommen, die andernfalls untragbar wären.

Santa Cruz, Kalifornien, 1972

NICHT, DASS HUNDE NIE HEMMUNGEN HÄTTEN. EIN GRAUSAMER Mensch oder ein Fotograf kann sie tatsächlich schnell in Verlegenheit bringen. Doch geht ihnen die übliche Affektiertheit ab, sie sind unschuldig, es fehlt ihnen an Weltklugheit. Vielleicht kommt daher ihr natürlich enges Verhältnis zu Kindern. Und womöglich verfügen sie über innere Werte, die auch die Gesellschaft ihnen nicht nehmen konnte. Und doch sind sie anders als Kinder.

Sie geben sich lässiger. Sie müssen nicht unbedingt auf ihre Anwesenheit aufmerksam machen; sie wissen, daß sie dazugehören. Sie müssen nicht dauernd «Guck mal!» sagen, wie Kinder das tun. So sind Kinder normalen Menschen vielleicht am ähnlichsten, und erst dann kommen Hunde.

HUNDE HABEN VIEL MEHR ZU TUN ALS KINDER, ZUM EINEN führen sie ein wahrhaft schizophrenes Leben. In jedem Augenblick auf zwei Ebenen zugleich, müssen sie mit der Hundewelt und der des Menschen jonglieren.

Und immer sind sie auf Abruf.

Herrchen und Frauchen beanspruchen ihre völlige Hingabe täglich und zu jeder Zeit. Ein Hund kann sich nie damit herausreden, dass er anderes zu tun habe. Anders als die Gattin leidet er nie unter Kopfschmerzen.

HUNDE WOLLEN IMMER NUR ZU DIENSTEN SEIN. SIE WARTEN auf den nächsten Befehl. Sie sind todunglücklich, wenn sie ihren Herrn nicht zufriedenstellen.

Mailand, Italien, 1949

Sie werden bei diesen Fotos bemerken, wie oft dem Hund ganz selbstverständlich die untergeordnete Stellung zugemutet wird, schon weil er zu seinem Besitzer aufschauen muss.

Immer warten.

Ein stolzer Hund würde einen Zwerg zum Herrchen nehmen.

DOCH WENN DER BESITZER NICHT DA IST ODER EINGESCHLAFEN, zieht es Hunde immer irgendwo hin mit einem Ausdruck von finsterer Entschlossenheit. Sehen Sie nur, wie resolut sie auf den Seiten 115 bis 117 wirken.

Kein einziger läuft einfach spazieren. Alle scheinen eine wichtige Verabredung zu haben. (Meistens stellt sich heraus, dass es gar keine gibt.)

Vielleicht geht es ihnen nur darum, die Zukunft zu erschnuppern. Jedenfalls haben sie einen Sinn für die Vergangenheit. Man spürt förmlich die Erinnerungen des verwundeten Hundes auf Seite 39.

Das Auto ist der einzige natürliche Feind des Hundes.

EINE DOPPELSEITE (SEITE 106/107) GEHT AUF EINEN AUFTRAG zurück, der mich vor kurzem für *Mirabella* nach Mailand führte. Dieses Magazin brachte eine Geschichte über Tiziana Fabbricini, eine wunderbare junge Opernsängerin, die bereits als die neue Callas gilt. Sie sehen ihr Bild auf Seite 105. (Sie hat viel Humor, und ich hoffe, sie ist noch nicht so berühmt, dass die folgende Doppelseite sie beleidigen könnte.)

Aus voller Brust, Luft geholt bis hinunter zum Diaphragma, die Kiefer locker im Gelenk – die Hunde betreiben ihr Geschäft wirklich von ganzem Herzen. Wäre es da fair, Wörter wie «heulen», «bellen», «schmalzen» oder «jaulen» zu benutzen? Was wissen wir schon? Sie hören Frequenzen, die für uns unhörbar bleiben.

Bei allem Respekt für Signorina Fabbricini bezweifle ich doch, dass dies Opern sind ... eher schon Lieder, geeignet für ein kleineres Publikum, das ein Ohr für die Zwischentöne hat. Schubert vielleicht, aber ohne Begleitung. Auf jeden Fall Musik mit einem gewissen Anspruch an Gehör und Verstand.

Oder auch nicht.

Paris, etwa 1614

Rubens, der Maler, hörte immer etwas anderes. Ein Gemälde mag stumm sein, doch die Hunde in seinen Szenen kläffen immer. Im Louvre gibt es einen ganzen Saal mit Rubens-Bildern. Ein Irrenhaus. Ich glaube, auf jedem einzelnen kläfft ein grossmäuliger kleiner Hund. Keine einzige Callas.

Kyoto, Japan, 1977

Brighton, England, 1956

Buzios, Brasilien, 1990

KLÄFFEN IST VON VORTEIL, WENN SIE EIN HUND SIND, DER FÜR seinen Lebensunterhalt arbeiten muss, und, sagen wir, Pferde zusammentreibt.

Der struppige kleine Kerl auf Seite 38 macht in Argentinien Karriere. Er muss flink und beweglich sein, sonst wird er totgetrampelt. Er gibt nicht eher Ruhe, als bis er Dutzende von Pferden da hat, wo er sie haben will.

Irgendwo in der Nähe, auf der Veranda oder im Auto, sitzt Herrchen und pfeift seine Befehle. Der Hund führt sie aus, die Pferde kommen an ihren Platz, und ich habe mein Bild. Alle sind zufrieden.

MANCHE HUNDEARBEIT WIRKT VIEL NETTER, WENN ES ZUM Beispiel darum geht, Herrchen und Frauchen einander näherzubringen.

Eine vielversprechende Aufgabe für Stadthunde, vor allem, wenn Menschen sich für ein Tier entscheiden, das ungewöhnlich oder etwas Besonderes ist. Das erlaubt nämlich einem Fremden, einfach stehenzubleiben und über den Hund zu sprechen. Wegen eines gewöhnlichen Köters ein Gespräch vom Zaun zu brechen, wäre viel zu plump. Viele langdauernde und wunderbare Freundschaften entstanden, weil ein vierbeiniger Liebling besonders selten war, oder auffällig, oder einfach nur besonders gut gepflegt.

Die Sorte Hund, die Sie besitzen, setzt wie ein bestimmtes Kleid bei einer Cocktailparty gesellschaftliche Zeichen. Ihr Hund verrät möglicherweise mehr über Ihre Persönlichkeit, als Sie ahnen, und das kann eine Menge Zeit sparen. Ein Hund kann einiges über ihren Status und ihre Vorlieben aussagen. Eine Frau, die einen Dobermann an der Leine durch den Central Park führt, unterscheidet sich vermutlich grundlegend von einer anderen, die einen Chihuahua in ihren Armen liebkost.

Vor allem aber sollten Hunde freundlich sein, denn nur zu oft begegnen sie sich noch vor ihren Besitzern. Um schnell jemanden kennenzulernen, gibt es nichts besseres als verhedderte Leinen. Und dann diese neue Erfindung, so eine Art Angelrute, an der der Hund herumspazieren kann, während Sie stehenbleiben. Ich glaube, Sie könnten einfach warten, bis Ihr Hund die Person trifft, die Sie kennenlernen möchten, und dann beide auf einmal einholen.

Für die meisten von uns wahrscheinlich die einzige Möglichkeit, so jemanden kennenzulernen wie diese Brasilianerin, die der Brandung entsteigt. Ihr kleiner Hund kann Ihre Träume wahr werden lassen, Sie beide zumindest miteinander bekannt machen. Die Frau wird Sie nicht gleich auslachen, und ihr Freund wird Ihnen keins über den Kopf ziehen. Sie sind ganz und gar unschuldig. Sie haben nur dafür gesorgt, daß Ihr Hund nicht in schlechte Gesellschaft gerät.

HUNDE SIND AUCH BETTLERN NÜTZLICH, DEREN BEHINDERUNGEN allein nicht ausreichen. Ein Hund ist ein wunderbares Mittel, Sympathie zu wecken, wenigstens in der alten Welt. Offenbar sorgen sich die Leute, der Hund kriege nicht genug zu fressen, oder er habe kein Dach über dem Kopf. Sie glauben wohl, wenn sie sich um den Bettler kümmern, kümmert er sich um den Hund. In dieser Reihenfolge.

In der dritten Welt dagegen benutzt man dafür verkrüppelte Kinder. Ein Bettler kann sich ein behindertes Kind mieten, wenn er selber keins hat. Für Hunde: Bewerbung zwecklos.

NATÜRLICH SIND HUNDE OFT EIN ERSATZ, WENN IHRE KINDER erwachsen und ausgeflogen sind oder wenn Sie nie welche aufgezogen haben.

Vielleicht sogar mehr als ein Ersatz. Sie sind todsichere Liebesspender. «Der Hund ist ein Ja-Tier», sagt Robertson Davies. «Besonders beliebt bei Leuten, die sich keinen menschlichen Ja-Sager leisten können.» Das müsste wirklich ein merkwürdiger Hund sein, der nicht viel mehr zurückgibt, als Sie ihm geben, vor allem Treue.

Doch was passiert mit Scheidungshunden? Wer bekommt den Hund? Gibt es Besuchsrechte? Wie gehen Hunde mit Ablehnung um?

ICH GLAUBE, ICH KANN ES MIR VORSTELLEN. ALS ICH DREIZEHN oder vierzehn war, wir lebten damals in Hollywood, hatte ich eine kahlohrige Promenadenmischung, mit viel Schäferhund, er hörte auf den Namen «Teobaldo». Kurz «Terry», es ist mir fast peinlich. Ein völlig falscher Name für jemanden, der so gescheit und weltklug war.

Meine Eltern liessen sich gerade scheiden, und ich lebte bei meiner Mutter. Doch als ich fünfzehn war, verliess mein Vater die Stadt, so zog ich in sein Haus und verwandelte es in eine Art Matratzenlager, auch wenn es das Wort damals noch nicht gab. Genaugenommen hatten wir damals in den vierziger Jahren noch nie von Beatniks gehört, doch ich glaube, meine Schulfreunde und ich hausten dort eine Zeitlang wie sehr junge bartlose Beatniks. Damals habe ich mir das Fotografieren beigebracht, auch wenn ich keine Ahnung hatte, daß das die nächsten fünfundvierzig Jahre so weitergehen sollte.

Nein, Matratzenlager ist das falsche Wort. «Salon» ist mir lieber.

Auf jeden Fall lebte meine Mutter in einem hübschen kleinen Haus in den Hollywood Hills. Das Haus meines Vaters war ungefähr vier Meilen entfernt, dort, wo was los war, in der Umgebung der Kreuzung von Hollywood und Vine. Um vom einen zum anderen zu kommen, musste man mehrere Durchgangsstrassen überqueren: Western, Hollywood, Sunset… Genau das tat «Terry», ganz allein. Eines Tages war er einfach da.

Von da an erarbeitete er sich sein eigenes «Besuchsrecht». Er blieb zwei, drei Wochen da, und beschloss dann, für eine Weile wieder in die Hügel zurückzukehren. Wenn er da war, ging ich mit ihm zum «Ranch Market» und kaufte ihm etwas Besonderes zum Fressen, einen halben Lammkopf zum Beispiel, auf dem er tagelang kauen konnte. Aber er zog nicht etwa wieder weiter, weil er mit dem Fressen fertig war. Er lebte einfach nach eigenem Plan. Ganz nach Laune vertauschte er die Stadt mit dem feinen Vorort und umgekehrt. Was das allein einen Menschen kosten würde.

DOCH VON TEOBALDO EXISTIEREN KEINE BILDER. ICH HATTE NIE die Absicht, von Freunden oder Fremden «Hundefotos» zu machen. Ich merkte einfach eines Tages, wieviele dieser seltsamen Geschöpfe in meinen beruflichen Arbeiten auftauchten, und auch in den Schnappschüssen, die ich nur für mich mache (die als «Kunst» gelten, sobald sie an der Wand hängen oder in einem Buch wie diesem hier zu finden sind). Deshalb fing ich an, sie zu sammeln.

New York City, 1946

Lange vorher, 1946, wurde mein erstes «Hundefoto» veröffentlicht – der kleine Chihuahua mit dem Pullover. Man weist mich immer wieder darauf hin, daß es aus der Sicht des Hundes aufgenommen ist, was den Hund, wie man sieht, natürlich nicht überrascht. Er kümmert sich nicht im Geringsten um die Person neben sich und deren Blickwinkel. Ich habe mich oft gefragt, was aus diesem Hund geworden sein mag. Das Foto wurde oft kopiert, obwohl ihm durchaus kein besonders tiefsinniges Konzept zugrunde lag. Ich habe auch noch mehrere andere solcher Bilder gemacht. Vielleicht bin ich einfach nur faul.

Bei einem Werbefoto für Stiefel versuchte ich 1974 etwas Ähnliches mit einem gemieteten Chihuahua und einer gemieteten Dänischen Dogge (siehe Seite 6). Diese professionellen Hunde haben mehrere Vorteile. Sie sind billiger als gemietete Menschen. Visuell geben sie mehr her, weil jeder ein bestimmtes, unverwechselbares Aussehen hat. Mannequins sehen alle gleich aus, haben dieselbe Grösse und sind lang und dünn. Sie passen zur jeweiligen Mode. Bei Hunde-Models erkenne ich die feinen individuellen Unterschiede. Sie laufen keiner Mode hinterher.

New York City, 1989

MANCHE LEUTE HABEN SICH DARÜBER AUFGEREGT, DASS DIE Mannequins bei einigen dieser Stiefel-Fotos keine Gesichter haben, aber wenn ich die ganze Person gezeigt hätte, würde keiner mehr die Schuhe sehen.

Meine Hunde-Models bringen uns buchstäblich auf die richtige Ebene hinunter, um Stiefel und Pumps zu untersuchen; auch ermöglichen sie Blickkontakt. Schlangen brächten uns noch näher, aber irgendwie funktioniert es mit ihnen nicht. Kakerlaken hätten auch die richtige Grösse, doch die sind nicht sympathisch, es sei denn, es sind intellektuelle, wie «Archy», die Kakerlake.

London, 1991

UND NOCH EINEN WEITEREN VORTEIL BIETET DAS HUNDE-Niveau, wenn ich Werbeaufnahmen mache. Solange ich mich unterhalb der Knie des Mannequins betätige, geniesse ich es, von den Frisur- und Make-up-Experten befreit zu sein, diesen Tyrannen im Modegeschäft. Sie besitzen Macht und verstehen sie brutal anzuwenden. Wenn alles fertig ist, können sie in letzter Minute immer noch etwas finden, was unbedingt verändert werden muss. Ein langer Tag mit solcher Beschäftigung ist reine Folter.

Berufsmässige Hunde machen den Tag erträglicher. Sie brauchen sich weder zu kämmen noch zu schminken. Sie kommen fixfertig vorbereitet.

ICH WAR DUMM GENUG, DAS ZU VERGESSEN. VOR EINIGER ZEIT hatte ich einen Hund, dem ich jeden Sommer das Fell schor, immer wenn es warm wurde. Er schämte sich so sehr, dass er sich die ersten Tage nicht in die Öffentlichkeit wagte, bis seine Haare wieder langsam zu wachsen begannen.

Und doch unterwarf er sich jedesmal dieser Tortur, wie Hunde auch das Bad ertragen, in das wir sie zwingen, obwohl meiner vor Peinlichkeit schier verging. Vor allem vor anderen Hunden. Die waren ausgesprochene Modemuffel.

DEN MEISTEN HUNDEN IN DIESEM BUCH ERGINGE ES GENAUSO. Sie sind naiv. Die wenigsten sind Profis. Auf Seite 133 findet sich eine berühmte Ausnahme, der Hund, der Sandy in *Annie* spielte, geknipst in seiner Garderobe. Versteht sich, dass der oben der Star ist; der unter ihm spielt nur die zweite Geige. Profis wissen, wo sie hingehören.

Auf der Bühne konnte der Hund einem das Herz brechen. Er hatte ein paar Sätze, durfte sich ein wenig auf der Bühne umtun. Als er starb, brachte die *New York Times* einen Nachruf. Jemandem war klar geworden, dass er eine richtige Person war.

EIN WEITERER HOCHBEGABTER PROFI TRITT IN DER ANZEIGE auf, die ich vergangenes Jahr für Levi's-Jeans machte.

Dieser jammervolle Ausdruck bei einem struppigen Hund, der sich nach seinem toten Herrn verzehrt, war nicht gerade gratis; er kostete eine schöne Stange Geld. Wie der Friedhof, Putney Cemetery, an der Stadtgrenze von London. Es ist gar nicht so einfach, wie man glaubt, einen Friedhof zu finden, auf dem die Steine so aufrecht stehen wie hier.

Natürlich ist das Foto der reine Blödsinn. Der jüngste Grabstein ist ungefähr siebzig Jahre alt, der Hund müsste also schon sehr treu sein, um seinen Herrn noch nach so langer Zeit zu betrauern. Ein gutes Gedächtnis bräuchte er obendrein. Für die Anzeige wurde dann das vierte Bild der Serie verwendet. Die anderen vermitteln einem wenigstens eine Ahnung davon, was ein Thespis-Hund alles mitmachen muss. Ich probierte es mit ihm in verschiedenen Dekors und Posen, um die beste Entsprechung von Ausdruck und Umgebung zu erreichen. Wir haben Dutzende von Varianten durchgespielt.

Das letzte Foto sieht wie die natürliche Wahl aus, aber das wusste ich erst, nachdem ich alle anderen gesehen hatte. Auch er wusste es vorher nicht.

Als berufsmässig begossener Pudel war dieses Mannequin ein reines Wunder. Ich würde ihn jederzeit weiterempfehlen. Er schien zwei kleine Männchen in sich zu tragen, eins, das ihn auf Befehl nach links, und eins, das ihn nach rechts laufen liess.

Bei dieser Arbeit ist es immer von Vorteil, ein Model zu haben, das sich nicht fragt, warum man das tut, was man tut.

DAS FOTO FÜR EMBASSY ZIGARETTEN, EINE BRITISCHE MARKE,
ist in diesem Buch ein Sonderfall.

Es ist das einzige elektronisch frisierte Foto! Im wirklichen Leben stehen alle Pfosten aufrecht; der mittlere wurde im Studio gekippt.

Einige meinten, es sei komischer, den Hund an die schiefe Stange anzuleinen. Sie haben verloren.

Das Bemerkenswerte daran ist, dass die Werbeaufsicht dieses Foto durchgehen liess. In England darf im Zusammenhang mit Zigaretten und anderen Tabakprodukten mit nichts geworben werden, was «positiv» wirken könnte. In diesem Fall zum Beispiel war das Foto in Farbe und zeigte grünes Gras. Zu «positiv». Das Gras wurde braun-retuschiert. Nur ja nichts Fröhliches andeuten.

Dennoch kann man lustige Sachen machen, auf die indirekte britische Art. Daher die schiefe Stange.

Und was ist mit dem Hund? Was wäre auf den Britischen Inseln «positiver» als ein Hund?

Vielleicht ist er doch ein bisschen «negativ», weil er ganz offensichtlich arbeiten gehen musste, um sich sein Geld zu verdienen, statt zu Hause in seinem herrschaftlichen Anwesen herumzulungern.

DOCH DIE MEISTEN HUNDE, DIE SIE HIER ZU SEHEN BEKOMMEN,
sind Amateure.

Lehrlinge.

Zum Beispiel diese Serie auf einem ganz anderen Friedhof, eine zeitgenössischere

London, 1991

Saint Tropez, 1979

Variante in Saint Tropez. Der Hund arbeitet, ohne es zu wissen, mit mir zusammen. Diese ganze Episode ist ein schierer Glücksfall. Die Chancen, dass vier Aufnahmen wie diese möglich werden, sind infinitesimal gering; vermutlich ist deshalb Fotografie für mich etwas so Besonderes. Man folgt nur einfach seiner Nase, und am Schluss kriegt man einen Kuss.

Natürlich arbeitet der Hund auch mit seinem Frauchen und weiss es nicht mal. Sie geht auf den Friedhof. Er auch. Hunde folgen einem, ohne zu fragen, beinah überall dorthin, wo man sie haben will.

ABER SIE POSIEREN BESTIMMT NICHT WIE STATUEN, NUR WEIL SIE nicht verstehen, wovon man spricht. Ihr eigener Wortschatz ist so begrenzt.

Deshalb könnte man sich dumm und doof verdienen, wenn man auf irgendeinem Speicher eine alte Daguerreotypie fände, die einen Hund unverwackelt zeigt. Solche Fotos sind selten und sehr wertvoll. Es brauchte so lang, bis sie aufgenommen waren, dass den Hunden in der Zwischenzeit immer etwas Besseres einfiel.

Wenn man einem Hund etwas zeigen will, schaut er einem auf die Finger.

— J. Bryan III

ES IST UNGERECHT, ABER DER MENSCH HAT BEI HUNDEN DIE Macht über Leben und Tod. Wenn man seinen Hund ins Tierheim bringt, ist es auch egal. Legal. Nicht andersherum.

EIN SCHRECKLICHES DRAMA SPIELT SICH ALLJÄHRLICH IN den südlichen Ländern ab, wenn der Sommerurlaub vorbei ist. Die ganzen Ferien über haben die Kinder mit einem neuen Hund, oft noch ein Welpe, gespielt, und dann wird der Hund am selben Strand zurückgelassen, an dem er williges Spielzeug war.

Ich muss das als Kind, als ich in Italien aufwuchs, regelmässig erlebt haben, denn meine Familie verbrachte jedes Jahr brav den üblichen bürgerlichen Monat am Meer. Mit Sicherheit habe ich selber nie einen Hund zurückgelassen. Und ich habe überhaupt keine Vorstellung, was mit all den verlassenen Hunden geschah. War es ungehörig zu fragen? Ich weiss es nicht mehr.

Angelsachsen schlagen vor Entsetzen die Hände überm Kopf zusammen, aber sollen sie mal ein neues Herrchen für einen gebrauchten Hund finden! So gut wie unmöglich.

NATÜRLICH HANDELT ES SICH ZUMEIST UM DEN GEBRAUCHTEN
Herrn, weil Hunde viel kürzer zu leben haben. Zum Beispiel der Irische Wolfshund auf dem Umschlag. Die Rasse ist so tolpatschig und lieb, dass man sie sofort mag. Allerdings hat sie einen entscheidenden Nachteil: Sogar nach Hundebegriffen haben sie keine hohe Lebenserwartung, kaum sieben oder acht Jahre. Man liebt sie. Sie sterben.

Unser Wolfshund hat offenbar nur eines im Sinn, er will gefallen. Er hat ja keine Ahnung, dass seine verbissene Konzentration auf das Apportieren eines Stocks im grossen Weltzusammenhang übertrieben ist. Es ist seine Aufgabe.

DER YORKSHIRE-TERRIER DA OBEN WAR KEINESWEGS SO
zurückhaltend. Er sprang nicht einfach so in die Luft, sondern tat es nur, weil ich bellte.

Er gewöhnte sich nie daran. Jedesmal wenn ich bellte, sprang er.

Ballycotton, Irland, 1968

Ich belle oft Hunde an. Das ist nicht nur gerecht, weil sie auch Menschen anbellen, sondern es könnte sie zu einer Reaktion animieren, die sich für ein Foto eignet. Hunde ändern für gewöhnlich ihren Ausdruck nicht, doch ein brutales Geräusch wird mit einem glasigen oder erschreckten Blick belohnt. Um ein besonderes Foto zu bekommen, muss man ihr Sicherheitsgefühl stören, sie ein wenig aus der Fassung bringen, sonst bleibt man ihnen gleichgültig. Ausserdem, so wird einem doch ständig erzählt, sei es nur von Vorteil, wenn der Fotograf eine Beziehung zu seinem Gegenstand aufbaut. Zumindest kommt von einem Hund keine Widerrede.

Meine zweite Frau und ich kauften diesen Yorky in Irland für ihre Mutter. Der gleiche Hund hat sich in die Haare meiner Frau verstrickt. Nachdem ich mich für meine Fotos mit ihm vergnügt hatte, lebte er in Queens und führte das erfüllte, glückliche Leben eines New Yorkers.

Die Rasse hat kein besonders gutes Image, weil Gesellschaftsdamen sie gern als Schosshündchen halten und ganz vernarrt in sie sind. Man muss auch zugeben, dass sie ein wenig gar zu süss sind. Vielleicht macht es deswegen solchen Spass, sie anzubellen. Die Wahrheit sieht jedoch so aus, dass sie für gewöhnlich hart arbeitende Hunde sind, die sich besonders in der Jagd nach Ratten hervortun.

Hundeliebhaber wissen, dass jeder Hund ein Individuum ist, aber ebenso wahr ist auch, dass jede Rasse ihre eigentümlichen Merkmale hat. Der Terrier ist nie völlig aus dem Yorky herauszuhätscheln.

Ballycotton, Irland, 1968

UND MAN KANN EINEN JAGDHUND NICHT DARAUF ABRICHTEN,
eine Flasche Scotch auf einen Baum zu bringen, jedenfalls nicht so schnell, dass es

Sonoma, Kalifornien, 1975

für ein Werbefoto reicht. Hunde sind nicht als Alkoholiker bekannt; sie zeigen nicht das geringste Interesse an dem Zeug.

Das Geheimnis dieses Fotos steckt in den Steaks, die auf die abgewandte Seite des Baumes genagelt sind. Wir mussten die Hunde mit etwas Fleisch füttern, sie dann den Baumstamm hinaufführen und ihnen fast eine Karte zeichnen, damit sie zu den baumelnden Steaks fanden. Jedenfalls war es nicht das wilde Rudel, das japsend aus dem Holz brach, weil es schon von weitem die Witterung des frischen Fleisches aufgenommen hatte. Aber sie haben ihre Sache gut gemacht und wurden in Naturalien bezahlt, während die Besitzer gutes Geld erhielten. Da sich das vor einigen Jahren in Nordkalifornien abspielte, nehme ich an, dass das Geld in Immobilien angelegt wurde.

Dackel sind die idealen Hunde für kleine Kinder, weil sie bereits zu solcher Länge gestreckt und gedehnt sind, dass ihnen das Kind selber kein Leid mehr antun kann.

— Robert Benchley

South Carolina, 1962

ÜBRIGENS WAREN NICHT ALLE MEINE FRAUEN (GUT, ES WAREN JA nur drei, sowie sechs Kinder) von Hunden so arg begeistert. Das ist ein Grund, warum ich seit der Pubertät kaum je einen Hund hatte; ausserdem konnte ich es nicht ertragen, sie sterben zu sehen. Am Ende muss man sie einschläfern lassen; nie begleitet man sie durch ihr Greisenalter. Man kann sie nicht zur Vernunft bringen.

Und ein freier Fotograf lebt zu sehr aus dem Koffer. Tagelang hätte ich einen Hund in einer Wohnung in New York City alleinlassen müssen, auf Gedeih und Verderb einem dieser berufsmässigen Hundepfleger ausgeliefert, die zweimal am Tag vorbeikommen und ihn dann bei einer ganzen Hundegruppe anleinen.

Ich hatte nie Interesse an Mannschaftssport. Auch keiner meiner Hunde hätte daran Interesse.

Oder vielleicht wäre er gar nicht so wie ich. Vielleicht sind wir einer falschen Vorstellung erlegen, wenn wir glauben, dass Hunde in Temperament und Aussehen ihren Besitzern immer ähnlicher werden. Könnte auch andersrum sein. Schwer zu sagen, da kann man die Herr-und-Hund-Fotos in diesem Band so gründlich studieren, wie man will.

IRGENDWANN IST NATÜRLICH DIE GRENZE ERREICHT. MAN KANN einen sizilianischen und einen chinesischen Hund auf gegenüberliegende Seiten (Seite 128 bis 129) plazieren, und sie passen zusammen. Sie könnten aus dem gleichen Land stammen. Zusammen mit ihren Besitzern ergäbe das allerdings eine völlig andere Geschichte.

So kann man sich vermutlich auf bestimmte Merkmale verlassen, die allen Hunden dieser Welt gemeinsam sind. Es bringt ihnen niemand bei, wie Italiener oder wie Chinesen auszusehen; sie sind Internationalisten. Ausser vielleicht südamerikanische Hunde. Sie sind mit anderen Hunden sonstwo auf der Welt nicht zu vergleichen. Immer sehen sie so aus, als hätte man ihnen eben die Haut abgezogen.

Hunde sind auch auf eine Art zeitlos, die den Menschen völlig abgeht. Sehen Sie sich nur das Foto von dem Hund vor der Ruine in Paestum in Italien an (Seite 129). Er könnte ein Hund sein, der vor vielen Jahrhunderten gelebt hat (ausser dass es damals keine Kameras gab). Doch jedes menschliche Wesen würde bei dem Foto sofort die richtige Einordnung erlauben, beinah aufs Jahr genau und mit Sicherheit das Jahrzehnt.

Selbst wenn es nackt wäre, wie der Hund.

DOCH BEIM VERHALTEN HUNDEN GEGENÜBER UNTERSCHEIDEN sich die Länder fundamental.

Die vier Fotos auf den Seiten 80 bis 81 sind unverkennbar Mittlerer Westen USA, sechziger Jahre. Da sie als Verkaufshilfen für eine Versicherung gedacht waren, vermute ich, dass sie einem verraten, was wichtig ist im Leben. Bei diesem Projekt bestand ich immer darauf, dass auch der Hund der Familie mit aufs Bild kam. Den Hunden war das eine Selbstverständlichkeit. Sie fühlten sich wie reguläre Familienmitglieder.

Man kann beobachten, wie Leute die Verantwortung für das Wohlergehen des Hundes übernehmen, genauso, wie sie es bei einem Kind machen würden. Steht er richtig? Macht ihm das Spass? Lächelt er? Auf einem Foto tragen zwei Jungs das gleiche Hemd wie der Hund.

Der amerikanische Familienhund ist ein sehr unkonventionelles Tier. Wenn er wüsste, wie man Geschirr abspült, würde er gleich nach dem Essen einspringen.

IN EUROPA SIND DIE HUNDE STEIFER.

In Frankreich zum Beispiel sind die Hunde bei weitem intellektueller als in Amerika. Sie wissen, dass sie Teil des gesellschaftlichen Beziehungsgeflechts sind. Man merkt es ihrem Ausdruck an.

Paris, 1989

Sie sind auch platzbewusster, auf eine sehr bourgeoise Weise. Sie vertrauen darauf, dass das ihr Metzger ist, ihr Café, ihr Landsitz, und es immer bleiben wird.

Mir sind französische Hunde nie besonders grossherzig vorgekommen; ausserdem geht ihnen jeder Humor ab.

DER FRANZÖSISCHE HUNDEBESITZER TEILT DIE HOHE MEINUNG seines Tieres von sich selber.

Hunde werden in Paris oft mit ins Geschäft genommen, wo sie sich anständig benehmen und bei wichtigen Unterredungen den diskreten Ohrenzeugen machen. Hunde dürfen Restaurants und Geschäfte betreten, weil man annimmt, sie wüssten sich zu benehmen. Was sie auch tun.

Saint Tropez, 1979

Der auf dem Foto unten auf Seite 120 ist ein Pariser Hund, der uns vom Fahrersitz aus anschaut. Französische Hunde sind Fremden gegenüber weniger freundlich als amerikanische. Sie müssen regelrecht vorgestellt werden.

Der Pudel auf Seite 54 geht auf eine charakteristisch gallische Weise mit einem Problem um, mit dem die meisten Hunde auf der Welt zu tun haben: Wie wahrt man seine Würde, wenn man angebunden ist, wie es von Zeit zu Zeit geschieht? Ich glaube, es kommt darauf an, wenigstens in sich ein Gefühl von Anstand zu wahren. Jedenfalls vermute ich, dass der französische Hund weiss, wie man das macht.

SELTSAMERWEISE IGNORIEREN DIE FRANZOSEN EIN PAAR Grundtatsachen des Hundelebens. Haben sie vergessen, dass Hunde Hunde sind?

Jedenfalls ist Paris ein Minenfeld mit Hundeexkrementen. In Japan gefertigte Schlauchmobile kommen gelegentlich mit einem Staubsauger vorbei, aber man muss auf der Hut bleiben. Mir kommt das seltsam vor.

Paris, 1956

Der englische Hundekult konkurriert inzwischen mit der christlichen Lehre um einen Platz unter den ersten zehn der Religionen.

— Spike Milligan

SELBSTVERSTÄNDLICH IST ES DER ENGLISCHE HUND, DER die privilegierteste Position einzunehmen scheint, aber ich vermute, er muss schwer dafür arbeiten. Sie werden zwar nicht so streng erzogen wie die englischen Kinder, dafür aber gründlich abgerichtet. Man erwartet Leistung von ihnen. «Ist er nicht süss?» fragt die Amerikanerin, wenn ihr Hündchen einem mit dreckigen Pfoten auf den Schoss springt. «Runter, Sir!» sagt der Brite, und runter springt er.

England, 1978

Birmingham, England, 1991

New York City, 1980

Doch niemals treten die Briten ihre Hunde, was die Spanier gern tun. Oft erlebt man eine Art Beziehung zwischen englischen Besitzern und ihren Hunden, die so eng ist, dass man es nicht glauben mag. Ich hatte einmal einen englischen Assistenten, der seinem schwarzen Labrador beinah alles beibringen konnte. Der Hund ging sogar rückwärts, vermutlich weil sein Herrchen die Hundepsychologie perfekt beherrschte. Anders kann ich es mir nicht erklären.

Seine extreme Ausformung findet dieser Gehorsam in dem sonderbaren, oft auch komischen Ritual der Hundeausstellung. Diese Obsession ist keineswegs ein englisches Monopol, aber die Engländer suhlen sich darin. Im vergangenen Jahr fotografierte ich die Crufts-Ausstellung in der Nähe von Birmingham. Es nahmen ungefähr 25 000 Hunde teil, alle von den Britischen Inseln. Gerüchte schwirrten durch die Luft: manches Fell sollte gefärbt, Haarspray zur Anwendung gekommen, Schönheitsoperationen vorgenommen worden sein. Das Gespräch hielt sich in etwa an folgende Massgabe: «Der ideale Basset sollte einen treuen, ruhigen Ausdruck zeigen.»

Die Hunde ertragen alles mit grösster Geduld. Sie wollen, dass ihre Besitzer Preise gewinnen, und sie stehen, ohne sich zu rühren, an derselben Stelle, bis ihnen die Blase platzt.

AUF DEN SEITEN 66 BIS 67 FINDEN SICH ZWEI AUSGESTOPFTE Hunde. Es liegt nicht am Blitz.

Der eine gehörte Napoleon. Den Franzosen scheint das als Erklärung auszureichen, um einen Hund auszustopfen und auszustellen. Der andere Ausgestopfte ist ein berühmter englischer Hund. Er war mehrfach prämiert, doch biss er Menschen und musste eingeschläfert werden. Ich vermute, dass sich sein Besitzer nicht von ihm trennen konnte und deshalb den Präparator holte. Da sitzt er also in einem Museum in Birmingham und ist Teil einer Ausstellung, die zur Crufts-Show gehört, ausgestopft und hinter Glas versteckt wie Lenin.

Doch auch diese Angelegenheiten verfügen über eine eigene Etikette. Eine Tafel an diesem ausgestopften Hund erläuterte die Umstände seines Hinscheidens. Als Prinz Michael von Kent, der bekannt ist für seine grosse Tierliebe, die Ausstellung eröffnete, drehte man das Schild um, damit seine Gefühle nicht verletzt würden.

Ich vermute, dass ein ausgestopfter Hund nur dann ein richtiger Hund ist, wenn er eines natürlichen Todes starb.

SELBST FÜR ENGLISCHE VERHÄLTNISSE IST DIE SZENE AUF Seite 24 bis 25 exzentrisch. Die Hunde, die da alle nebeneinander liegen, wie man das bei einem solchen gemischten Haufen niemals erwartet hätte, hat eine obdachlose Frau in einem Dorf bei London zusammengeführt.

Sie und ihre ungefähr zwölf Hunde sind berühmt. Sie füttert sie ordentlich. Sie sind in ihre Wohltätigkeit integriert.

Doch sie wurde zornig und schickte mich fort, als ich ein paar Aufnahmen machen wollte. Vielleicht wollte sie nicht, dass jemand sieht, wie wenig hundeähnlich sich die Hunde verhalten, liebenswürdig auf engem Raum aneinandergedrängt, ohne einander an die Gurgel zu gehen. Vielleicht hat sie sich für sie geschämt. Oder vielleicht dachte sie, ich würde ihre Seele stehlen.

Ich wäre gern noch länger geblieben, um mehr herauszufinden.

Gibt sie ihnen Namen?

Spricht sie mit ihnen?

Wenn die Briten von Gladys oder Campbell, von Rosie oder Mr. Mudge sprechen, muss man sehr genau hinhören, um herauszufinden, ob sie die Ehefrau, den Gatten, die Schwester, den Nachbarn oder einen der Hunde meinen. Die Art, wie sie die Namen aussprechen, hilft einem nicht weiter.

AUF JEDEN FALL MUSS MAN VORSICHTIG MIT NAMEN UMGEHEN.
Sie können ungeahnte Wirkung tun.

Ein Paar in meiner Bekanntschaft besass einen Schäferhund, der vergnügt zusah, als die beiden eines Nachts auf der Strasse ausgeraubt wurden; dann sprang er den Räubern in grossen Sätzen nach, da er hoffte, mit ihnen spielen zu können.

Ich glaube, das kann einem schon passieren, wenn man einen Hund «Alice» tauft.

DER AFGHANE, DER MIT MEINER JÜNGSTEN TOCHTER SPIELT, kommt nicht gerade aus einer sehr hellen Zucht, aber er gehört zu den Hunden, die Menschen hochinteressant finden.

Aus irgendwelchen Gründen hat er einen Narren an mir gefressen, dabei kenne ich ihn doch kaum! Er springt immer an mir hoch und klaubt mir jedes Wort von den Lippen; er liebt mich wirklich.

Vielleicht erinnere ich ihn an irgend jemanden, zum Beispiel seinen ersten Besitzer. Hunde vergessen nie ihr erstes Herrchen. Und das gilt auch andersherum. Ich weiss, dass viele Hundeliebhaber, ganz egal wie viele Hunde sie zeit ihres Lebens hatten, sich immer an den ersten Hund erinnern. Und ausserdem wird es da immer diesen ganz besonderen Hund geben, der vielleicht nicht der erste war, an den man sich aber als etwas sehr Besonderes erinnert. Kein anderer Hund kommt ihm gleich. Es ist ähnlich wie mit der grossen Liebesaffäre, an die man sich immer erinnert, egal wie oft man verheiratet war.

New York City, 1990

EIN WEITERER HUND, DER SEHR LIEB ZU MIR WAR, HIESS CECILIA, ein 160-Pfund-Neufundländer, der auf Seite 100 vergewaltigt wird. Cecilia war in bestimmten Dingen unbeholfen und unruhig, zum Beispiel bei frischgebohnerten Böden; sie hatte Todesangst vor dem Parkett in meiner New Yorker Wohnung. Und sie weigerte sich, über die Entlüftungsroste der U-Bahn zu gehen.

Josh Billings wäre nicht damit einverstanden gewesen. «Neufundländer sind bestens dazu geeignet, Kinder vorm Ertrinken zu retten», sagte er, «aber man muss schon einen Teich und ein Kind in der Hinterhand haben, denn sonst lohnt es sich nicht, einen Neufundländer durchzufüttern.»

Meines Wissens hat Cecilia nie jemanden vorm Ertrinken gerettet. Wir haben sie trotzdem geliebt.

NOCH IMMER MACHE ICH FOTOS.

Erst vor wenigen Tagen war eine behelfsmässige, süsse, exzentrische kleine Hundeausstellung im Central Park, ganz in der Nähe meiner Wohnung. Damit kam ich zu meinem jüngsten «Hundefoto» (links). Ich hatte nicht die Absicht, Hunde abzuknipsen. Es passierte einfach.

Es war ein wildes Durcheinander von Hunden und ihren Herrchen, was einen an New Yorks schönste Seiten erinnerte..., die rasch vergessen sind, wenn schlimme Dinge passieren.

Bei allen Problemen, die New York hat, verfügt es doch auch über ein wunderbares Spektrum der Menschheit. Es ist komisch, anrührend und erheiternd wie ein Film von Fellini. Doch erinnert ihr euch noch, was Fellini sagte, als ihn jemand fragte, wie er all seine ungewöhnlichen grotesken Figuren finde?

«Schauen Sie in den Spiegel.»

SOLLTEN DIE HUNDELIEBHABER GLAUBEN, DIES SEI EIN HUNDE-buch, soll es mir auch recht sein. Vor allem, wenn sie weitere Exemplare für ihre Freunde, die Hundeliebhaber, kaufen.

Der eine oder andere von den kleinen Kerlen hier erinnert Sie vielleicht an einen Hund, den Sie kennen oder einmal kannten. Auch das soll mir recht sein.

Für mich sind diese Hunde sowohl der *Vorwand* wie der *Grund,* warum ich diese Fotos gemacht habe.

Sie liefern mir einen *Vorwand,* weil sie ein gutes Motiv abgeben. Ich mag sie; die Leute wollen sie sehen; ich kann nicht widerstehen.

New York City, 1991

Stinson Beach, Kalifornien, 1973

Washington, D.C., 1971

Ein paar Fotos sind so bekannt geworden, dass ich sie hier mit aufnehmen musste – ich denke, es sind nicht mehr als sechs –, obwohl sie schon in meinen früheren Büchern auftauchen. Sie gehören inzwischen zu meinem Markenzeichen. Mir ist nicht nur wohl dabei: Ich komme mir wie ein Sänger vor, dem ständig ein altes erfolgreiches Lied abverlangt wird; ich würde mich vermutlich gar nicht an die Fotos erinnern, wären sie nicht so häufig nachgedruckt worden. Andererseits liefern sie mir und anderen eine Perspektive, die sich über die Jahre durch meine Arbeit zieht. Sie sind Massstäbe, aber auch goldene Erinnerungen. Hier kommen sie wieder, auf Wunsch von jemandem ganz da hinten.

DOCH DER *GRUND* FÜR JEDES DIESER FOTOS IST DER GLEICHE WIE bei jedem anderen Foto. Es sind Fotos von Bildern – nicht von Hunden, sondern von Gefühlen, Stimmungen, von Zeichen. Ganz egal, welchen Vorwand (oder welches Motiv) man nimmt, um ein Foto zu machen, es klappt nicht, solange man nicht etwas ausdrücken kann, das darüber hinausreicht. Die allgemeine Lebenshaltung oder das Gefühl zur Welt um uns herum.

DOCH ICH WILL OHNE DAS WORT «BOTSCHAFT» AUSKOMMEN.

Ich hoffe, dass in jedem dieser Bilder eine Art Tauziehen aufscheint, eine gewisse Spannung zwischen dem, was beschrieben wird, und der Art und Weise, wie es eingefangen wird. Vielleicht sind einige Bilder weniger gut aufgebaut als andere, der «Punkt» bei der Geschichte damit stärker als das Bildelement. Und vielleicht sind auf anderen die Hunde wichtiger als Bestandteile einer Komposition denn als Schauspieler in einem Stück.

Im allgemeinen aber wäre es falsch, wenn Bilder veröffentlicht werden, die nicht in erster Linie Bilder sind und erst in zweiter Geschichten. Jedes einzelne meiner Hundefotos soll ein Foto sein.

Vielleicht klingt das allzu aphoristisch und kryptisch, doch ich hoffe, dass Ihnen die Fotos, die Sie gleich sehen werden, zeigen, was ich meine. Das ist kein Buch mit Hundefotos, sondern zeigt Fotos mit Hunden drauf.

Ich hasse die Leute, die sich Hunde halten. Es sind Feiglinge, denen es an Mut fehlt, die anderen selber zu beissen.

— August Strindberg

Honfleur, Frankreich, 1968

England, 1974

Rom, 1964

London, 1966

Sibirien, 1967

Cambridge, Massachusetts, 1958

East Hampton, New York, 1981

Buzios, Brasilien, 1990

Agadir, Marokko, 1973

Paris, 1989

Melbourne, Australien, 1961

Neuguinea, 1961

Paris, 1970

Kyoto, Japan, 1970

Argentinien, 1972

Rom, 1968

Katmandu, Nepal, 1983

Moskau, 1968

Positano, Italien, 1982

Spanien, 1964

Puerto Vallarta, Mexiko, 1973

Birmingham, England, 1991

Birmingham, England, 1991

USA, 1963

Trouville, Frankreich, 1965

Paris, 1952

New York City, 1972

Cannes, 1980

England, 1978

Saint Tropez, 1979

Köln, Deutschland, 1972

Cloyne, Irland, 1991

New York City, 1968

New York City, 1973

Kyoto, Japan, 1977

Armonk, New York, 1955

New York City, 1971

Athen, Griechenland, 1972

Birmingham, England, 1991

Trouville, Frankreich, 1965

Mexiko, 1956

Birmingham, England, 1991

oben links: Paris, 1973
oben rechts: Paris, 1991
unten links: England, 1964
unten rechts: Los Angeles, 1962

Reno, Nevada, 1960

Paris, 1951

New York City, 1976

Brüssel, Belgien, 1957

London, 1972

Orléans, Frankreich, 1952

Southampton, New York, 1969

Las Palmas, Kanarische Inseln, 1964

New York City, 1990

Holland, 1973

Amsterdam, 1968

oben: USA, 1964

unten: USA, 1965

USA, 1965

Colorado, 1954

Saint Tropez, 1979

San Juan, Puerto Rico, 1969

Paris, 1989

Neuguinea, 1961

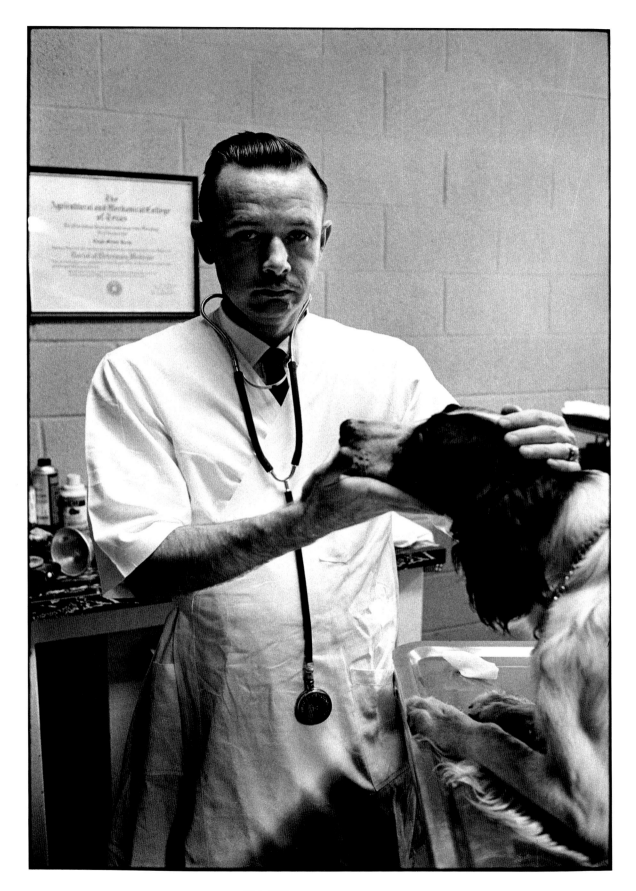

USA, 1962

New York City, 1973

San Francisco, 1972

Washington, D.C., 1965

Birmingham, England, 1991

San Francisco, 1976

Amsterdam, 1972

Saint Tropez, 1979

San Juan, Puerto Rico, 1957

New York City, 1973

Kopenhagen, 1968

Birmingham, England, 1991

New York City, 1972

oben: Deauville, Frankreich, 1991
unten: Amagansett, New York, 1967

oben: Kalifornien, 1972
unten: Macao, 1986

Tal der Loire, Frankreich, 1972

Frankreich, 1968

Mailand, 1990

oben links: Cannes, 1980
oben rechts: Honfleur, Frankreich, 1968
Mitte links: San Francisco, 1979
Mitte rechts: Saint Tropez, 1978
unten links: Puerto Vallarta, Mexiko, 1973
unten Mitte: Versailles, 1975
unten rechts: Paris, 1958

oben links: Tokio, 1985
oben rechts: Kalifornien, 1975
Mitte links: New York City, 1973
Mitte Mitte: Trevi-Gärten, Italien, 1969
Mitte rechts: Rom, 1969
unten links: Saint Tropez, 1979

New York City, 1953

New York City, 1953

Venice, Kalifornien, 1986

Amsterdam, 1972

Armonk, New York, 1959

Bridgehampton, New York, 1959

Brasilien, 1963

Ballycotton, Irland, 1991

oben: Cabo Frio, Brasilien, 1965
unten: East Hampton, New York, 1987

oben: San Francisco, 1982
unten: Deauville, Frankreich, 1991

Birmingham, England, 1991

oben: San Juan, Puerto Rico, 1978

unten: Paris, 1951

oben: Luxor, Ägypten, 1958
unten: Mykonos, Griechenland, 1976

Arles, Frankreich, 1989

Mexiko, 1973

Bahia, Brasilien, 1963

New Mexiko, 1969

Cornwall, England, 1974

Florida, 1968

China, 1986

Sizilien, 1969

New Jersey, 1971

Marokko, 1973

New Jersey, 1971

New York City, 1977

New York City, 1991

San Diego, Kalifornien, 1979

New York City, 1988

Saint Tropez, 1979

Rockport, Maine, 1976

New York City, 1977

Hamburg, Deutschland, 1973

Paris, 1952